Jorge Eliecer Gomez Gomez
Velssy Hernandez R.

Sensor web: hacia una red de sensores en la web

AF153139

Jorge Eliecer Gomez Gomez
Velssy Hernandez R.

Sensor web: hacia una red de sensores en la web

Interoperabilidad en la redes de sensores mediante la web

Editorial Académica Española

Impressum / Aviso legal

Bibliografische Information der Deutschen Nationalbibliothek: Die Deutsche Nationalbibliothek verzeichnet diese Publikation in der Deutschen Nationalbibliografie; detaillierte bibliografische Daten sind im Internet über http://dnb.d-nb.de abrufbar.

Información bibliográfica de la Deutsche Nationalbibliothek: La Deutsche Nationalbibliothek clasifica esta publicación en la Deutsche Nationalbibliografie; los datos bibliográficos detallados están disponibles en internet en http://dnb.d-nb.de.

Coverbild / Imagen de portada: www.ingimage.com

Verlag / Editorial:
Editorial Académica Española
ist ein Imprint der / es una marca de
AV Akademikerverlag GmbH & Co. KG
Heinrich-Böcking-Str. 6-8, 66121 Saarbrücken, Deutschland / Alemania
Email / Correo Electrónico: info@eae-publishing.com

Herstellung: siehe letzte Seite /
Publicado en: consulte la última página
ISBN: 978-3-659-07637-4

Jorge Eliécer Gómez Gómez

Velssy Liliana Hernández Riaño

SENSOR WEB: HACIA UNA RED DE SENSORES EN LA WEB

RESUMEN

El vertiginoso avance en la nanotecnología, ha permitido el desarrollo de las redes de sensores, que cada vez son más eficientes y robustas. El ámbito de aplicación de las redes de sensores es muy amplio, que van desde la industria, la medicina, la educación, navegación aeroespacial, monitoreo de variables ambientales, entre otras. Por tal motivo se viene trabajando desde varias ópticas para mejorar la eficiencia de los sensores y hacerlos visibles en la web. Uno de los grandes desafíos que enfrenta una red de sensores es la heterogeneidad, debido a que cada fabricante crea sus propios estándares para el intercambio de datos. Frente a esta situación organizaciones como la OCG y la NASA entre otras, están trabajando en estándares y Framework que permitan la interoperabilidad de las diferentes redes de sensores, En la actualidad hay aproximaciones bastante maduras, como es la propuesta de Sensor Web Enablement de la OGC que permite la definición de un estándar para el intercambio de datos entre los sensores. El propósito de este documento es brindar una orientación al lector a cerca de los estándares utilizados para el modelado e intercambio de datos en redes de sensores para habilitarlos en la web.

TABLA DE CONTENIDOS

1. INTRODUCCION

El creciente desarrollo de la tecnología ha permitido la creación de una gran variedad de sensores, los cuales pueden monitorear cualquier ambiente sin importar sus condiciones. Cada vez estos dispositivos cuentan con más y mejores recursos que les permiten obtener información en tiempo real o histórico, si están alojados en un repositorio de datos. La red de sensores es una tecnología que está creciendo de forma acelerada, y está siendo aplicada en áreas como la agricultura, la medicina, las telecomunicaciones, sistemas de atención y prevención de desastres entre otras. Un sensor es un dispositivo electrónico capaz de obtener información de un fenómeno, la cual es convertida en una señal eléctrica y transmitida a un repositorio de datos que posteriormente es procesada y analizada para la toma de decisiones [1].

Una red de sensores inalámbricos está constituida por un nodo que a su vez esta compuesto por un sensor y un radio, los cuales se comunican con un gateway o pasarela, dispositivo que cuenta con elementos que permiten la comunicación entre la red de sensores y una red con el protocolo TCP/IP. Una estación base puede estar conformada por un sistema embebido o por un computador, cuyo rol viene a ser la de recolección de la información y el procesamiento de la misma. Los estándares utilizados para la comunicación inalámbrica de estos dispositivos son 802.11/a/b/g WiFi, 802.15.1 Bluetooth [2] y el 802.15.4 ZigBee [3], RS232, Wireless USB. Estos tipos de redes poseen grandes ventajas en su utilización porque pueden ser usadas en cualquier entorno debido a su capacidad de despliegue y autoconfiguración, en donde un nodo puede cambiar de receptor a emisor y viceversa, poseen topología dinámica, no necesitan de una infraestructura de red y son tolerantes a fallos. Por otro lado, esta tecnología presenta algunas desventajas como son las limitaciones en el consumo de energía, recursos de computación (procesador y memoria) y poco ancho de banda.

Las investigaciones en materia de sistemas de redes de sensores, han enfocado más esfuerzo en la miniaturización de estos dispositivos, haciéndolos cada vez más poderosos y con mayores capacidades; descuidando en gran medida el software. Cada fabricante ha desarrollado por separado software capaz de operar a las redes de sensores, motivo por el cual se genera heterogeneidad entre componentes e inclusive en dispositivos de la misma familia de fabricantes. La forma de captura y presentación de los datos varía entre distintas plataformas. Preocupados por estas limitaciones en la forma de presentar e interoperar la tecnología de redes de sensores, se han fabricado una serie de middlewares capaces de mediar entre sensores de la misma familia, pero con grandes limitaciones cuando se desean integrar con otros sistemas de redes de sensores de otros fabricantes.

El propósito de este documento está orientado a mostrar una visión cercana de la disponibilidad de los recursos de las redes de sensores en la web y su interoperabilidad, la forma en que se han propuesto alternativas para modelar y describir los datos, los sensores, plataformas, protocolos de comunicación entre otros, relacionados con las redes de sensores.

2. CONVENCIONES

API Application Program Interface

HTTP Hypertext transport protocol

IR Information Request

O&M Observations and Measurements

OAIS Open Archival Information System

OGC Open GIS Consortium

OSI Open Systems Interconnection

OWS OGC Web Services

RDF (Resource Description Framework)

SCS Sensor Collection Service

SML Sensor Model Language

SMS Short Message Service

SPS Sensor Planning Service

SW: Sensor Web

SWE Sensor Web Enablement

SWL Sensor Web Language

UML Unified Modeling Language

WFS Web Feature Server

WMS Web Map Server

WNS Web Notification Service

WSN: Wireless Sensor Network

XML eXtended Markup Language

CAPITULO I

3. RED DE SENSORES INALÁMBRICOS (WSN)

Las redes de sensores están formadas por un grupo de sensores con ciertas capacidades sensitivas y de comunicación los cuales permiten formar redes inalámbricas Ad-Hoc sin infraestructura física prestablecida ni administración central.

Las redes de sensores es un concepto relativamente nuevo en adquisición y tratamiento de datos con múltiples aplicaciones en distintos campos tales como entornos industriales, domótica, entornos militares, detección ambiental. Esta clase de redes se caracterizan por su facilidad de despliegue y por ser autoconfigurables, logrando convertirse en todo momento en emisor, receptor, ofrecer servicios de encaminamiento entre nodos sin visión directa, así como registrar datos referentes a los sensores locales de cada nodo. Otra de sus características es su gestión eficiente de la energía, que con ello conseguimos unas alta tasa de autonomía que las hacen plenamente operativas.

Ejemplo de algunos nodos sensores:
- Integran sensores para realizar mediciones.
- Luz, temperatura, presión, humedad, etc.

Restringidos en:
- Energía.
- Capacidad de cómputo
- Memoria

Uso intensivo de:
- Radio (para enviar/recibir)
- CPU (para procesamiento)

3.1. Componentes de una red inalámbrica de sensores

Un **sensor** es un dispositivo que detecta, u obtiene manifestaciones de cualidades de fenómenos físicos, como la energía velocidad, aceleración, tamaño, cantidad, etc.

Muchos de los sensores son eléctricos o electrónicos, aunque existen otros tipos. Un sensor es un tipo de transductor que transforma la magnitud que se quiere medir, en otra, que facilita su medida. Pueden ser de indicación directa (e.j. un termómetro de mercurio) o pueden estar conectados a un indicador (posiblemente a través de un convertidor analógico a digital, un computador y un display). La composición de una rede de sensores esta determinada de la siguiente forma:

- Nodos sensor: Toman los datos del sensor y envían la información a la estación base.
- Gateway: Elementos para la interconexión entre la red de sensores TCP-IP
- Base: Recolector de datos basado en un ordenador común o sistema embebido
- Red Inalámbrica: basada en el estándar 802.15.4 *ZigBee*

3.2. Áreas de aplicación

Pasando de largo las aplicaciones militares, éstas tienen usos civiles interesantes como vemos a continuación:

• Entornos de alta seguridad: Existen lugares que requieren altos niveles de seguridad para evitar ataques terroristas, tales como centrales nucleares, aeropuertos, edificios del gobierno de paso restringido. Aquí gracias a una red de sensores se pueden detectar situaciones que con una simple cámara sería imposible.

• Sensores ambientales: El control ambiental de vastas áreas de bosque o de océano, sería imposible sin las redes de sensores. El control de múltiples variables, como temperatura, humedad, fuego, actividad sísmica así como otras. También ayudan a expertos a diagnosticar o prevenir un problema o urgencia y además minimiza el impacto ambiental del presencia humana.

4. RED DE SENSORES EN LA WEB (SENSOR WEB)

La heterogeneidad de las WSN no permite la interoperabilidad debido a la incompatibilidad entre ellas mismas e inclusive entre componentes de la red del mismo fabricante, debido a la inexistencia de protocolos estándares que permiten a las aplicaciones interoperar. Para dar respuesta a la problemática se han desarrollado middlewares que buscan resolver el problema de incompatibilidad, pero aún están en sus fases de inicio. Los Web Service, con sus estándares definidos tales como HTTP, SOA, UDDI, WSDL, SOAP [4] y XML, están minimizando en forma gradual la interoperabilidad tanto a nivel de programas informáticos, sistemas operativos, redes de computadoras y por supuesto, las WSN.

La labor para esto no ha sido fácil, en primera instancia para poder procesar desde el mismo dispositivo formatos de archivos XML y transferirlos a un nodo adyacente o a una estación base de proceso, tendría como consecuencia altos costos de procesamiento que a los nodos les tocaría asumir, teniendo en cuenta que son dispositivos limitados en capacidad de procesamiento; por lo tanto, está propuesta aún se está tratando de resolver en los laboratorios y en la actualidad no es viable. Por otro lado, se proponen modelos y meta modelos que permitan el descubrimiento e invocación de servicios de redes de sensores heterogéneas, logrando reflejar la cooperación de la información adquirida a través de la Internet, sin importar la plataforma en que se encuentre desarrollada. El usuario final puede ver los datos sobre la web en tiempo real o datos históricos acerca de los fenómenos que se están monitoreando.

La gran variedad de protocolos de comunicación utilizados para la transferencia e intercambio de datos entre las redes de sensores, resulta ser un problema que hace complejo trabajar con esta tecnología. Un caso puede ser un dispositivo que soporte la conectividad WLAN, puede utilizar TCP/IP o UDP para la transferencia de datos entre sensores [5], mientras un dispositivo de infrarrojos o Bluetooth puede utilizar un emulador del protocolo RS232, entre otros. Un gran número de diferentes tecnologías de la comunicación en combinación con diferentes protocolos de intercambio de datos, hace difícil la creación de un marco que pueda ser utilizado para proporcionar acceso uniforme a cualquier sensor. Lo que convierte a una red de sensores en un sistema heterogéneo visto desde los mismos protocolos de comunicación, hasta la arquitectura física.

Para poder comprender la tecnología de sensor web, es necesario remitirse a definiciones que describen el funcionamiento, arquitectura y elementos relacionados con SW.

Existen varias definiciones ajustadas al concepto de red de sensores. Entre ellas están: es un conjunto coherente de nodos interconectados por una estructura de comunicación, la cual trabaja colectivamente de forma sencilla y dinámicamente adaptable, [6]. Otra definición según la NASA dice: es una red interconectada de sensores que coordina la observación de naves espaciales, instrumentos aerotransportados y estaciones de recolección de datos en tierra. Que en vez de operar de forma independiente, estos sensores reúnen datos de manera colectiva, compartiendo la información sobre un evento que se despliega a través del tiempo [7].

Pero una definición más elaborada fue considerada por la NASA ESTO/AIST [8] febrero de 2007: es una infraestructura de observación coordinada compuesta de una colección distribuida de recursos que puede comportarse colectivamente de forma sencilla, autónoma, capaz de ejecutar tareas. Un sistema dinámico adaptable y reconfigurable que proporcione datos en bruto y procesados, asociados con metadatos, por la vía de un conjunto de estándares basados en servicios y orientado a interfaces. En las gráficas 1 y 2 se aprecia la arquitectura física de la red de sensores web propuesta por la NASA.

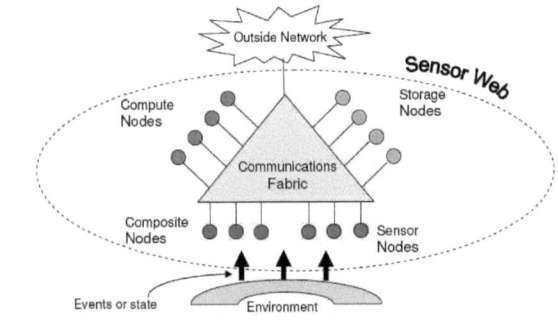

Gráfica 1. Arquitectura física de Sensor Web [8]

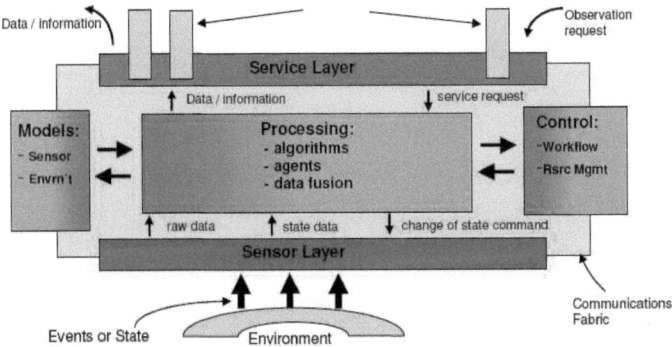

Gráfica 2. Arquitectura funcional de Sensor Web [8]

Si bien, lo que se busca con la tecnología de sensor web es conectar cualquier tipo de sensor y actuador a la web, logrando así una integración entre las redes de sensores y la internet; es un desafío que ya da sus frutos, pero todavía queda un camino largo por recorrer. Para poder lograr la interoperabilidad en las redes de sensores, se han desarrollado nuevas tecnologías y también se han utilizado tecnologías ya existentes, debido a muchos factores que van desde los protocolos de comunicación hasta el mismo formato de datos que es definido por el fabricante. Centrándose en esto último es decir los formatos de datos y la forma en que se deben manejar tanto los datos colectados de los sensores, como los sensores mismos y las plataformas de ellos, se han definido una serie de formatos asociados a los sensores que se verán a continuación, algunos más populares que otros e inclusive, unos no tan populares pero que si han servido de base para la construcción de otros. Posteriormente se retomara el concepto de sensor Web visto desde el punto de vista de la OGC, la NASA y Microsoft Research.

CAPITULO II

5. FORMATOS PARA DESCRIBIR SENSORES Y DATOS DE SENSORES

Existen unas cuantas tecnologías adecuadas para la descripción de datos de sensores y tipos de sensores, entre ellas las más comunes son XML y RDF, detalladas a continuación:

5.1. XML (Extensible Markup Language)

Una forma de describir datos y tipos de sensores es el XML. La gran ventaja que ofrece esta tecnología es que es un formato interoperable que soporta la descripción de cualquier dato de sensor y que fácilmente es compartido a través de diferentes sistemas [9][10] y lenguajes de programación. Teniendo en cuenta que XML es bien popular, existen numerosas herramientas para la manipulación de la información estructurada en este formato. A pesar de las características que ofrece XML, existen razones por las cuales no podría ser adecuado para describir los datos de los sensores. El formato de los datos nativos de los sensores son usualmente compactos con el fin de utilizar el menor espacio posible, pero el formato XML es muy detallado por las etiquetas. Los sensores son recursos limitados, motivo por el cual se generaría problema con el espacio físico del formato. En este caso el tamaño sería superior al de los datos binarios. También es bueno saber que la capacidad de procesamiento para un formato como el XML, se traduce en las limitaciones en la capacidad de procesamiento.

5.2. RDF (Resource Description Framework)

Es un lenguaje de ontología que aprovecha un modelo de datos simple y flexible de datos para describir objetos y sus propiedades [11]. RDF se puede considerar como una forma de descomponer cualquier tipo de conocimiento en pequeñas partes estructuradas de datos que puede incluir información semántica acerca de esas partes [12]. Inicialmente RDF se baso en XML, pero ahora pueden ser expresadas en una serie de diferentes sintaxis. RDF fue creado para describir cualquier tipo de información, por consiguiente puede ser una alternativa para la descripción de datos de sensores.

Una ontología es básicamente un vocabulario diseñado específicamente para la descripción específica de un dominio. En el caso de los sensores, el vocabulario describe los datos y los tipos de sensores. El potencial de RDF se puede ver mediante el uso de múltiples vocabularios para describir la información [13]. Por ejemplo se pueden definir vocabularios como temperatura, presión atmosférica, humedad, entre otros. Un ejemplo puede ser definir el vocabulario para sensores de temperatura en las unidades de medidas Celsius y Fahrenheit. Si los datos relativos a la temperatura de dos diferentes e independientes sensores, se ha descrito en este vocabulario RDF usando un software de computadora, puede saber que las dos fuentes se refieren al mismo tipo de dato. O si uno está utilizando Celsius y el otro Fahrenheit, pueda conocer la diferencia y convertir una unidad de medida a la otra antes de que cualquier comparación sea realizada. En las gráficas 3 y 4 se describe el servicio de observación de sensor (SOS) de *Sensor Web Enablement*, que posteriormente se describirá en este documento.

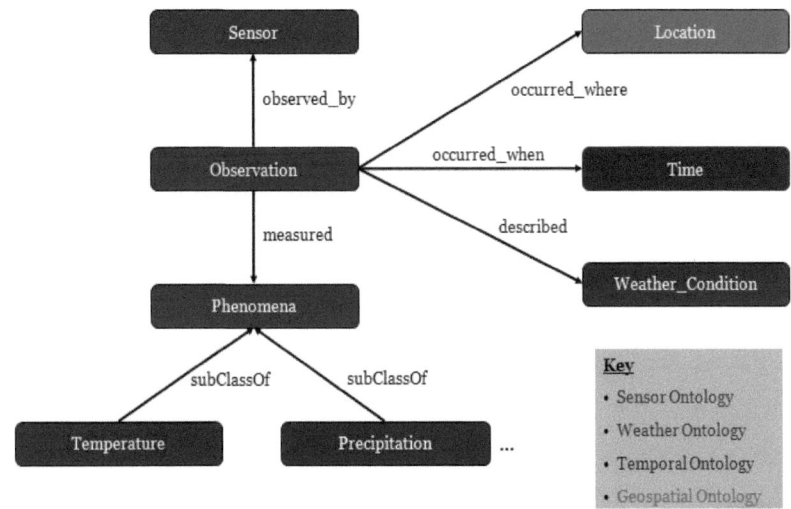

Gráfica 3. Concepto de ontología SOS [13]

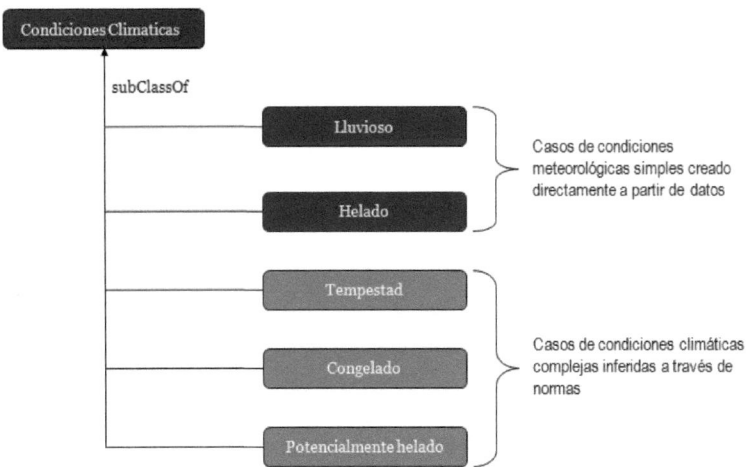

Gráfica 4. Concepto de ontología SOS [13]

Si bien, RDF es un lenguaje poderoso para describir información, aún está en sus inicios. Lo que implica que todavía hay una gran cantidad de trabajo para definir ontologías para cada tipo de sensor que sean realmente útiles. Los vocabularios estándares deben ser definidos para los distintos tipos de información (como la temperatura, humedad, velocidad del viento, entre otras). Desafortunadamente, pocos han sido los vocabularios estandarizados que se han definido, motivo por el cual no ha sido ampliamente adoptado para describir información de sensores, pero se están haciendo grandes esfuerzos para incorporarlo en la semántica de sensores web.

6. LENGUAJES DE DESCRIPCIÓN DE SENSORES

Frente a la heterogeneidad de las redes de sensores, han surgido propuestas para permitir la interoperabilidad entre los nodos sensores, estaciones bases y la web como tal. Existen lenguajes utilizados para describir sensores que a continuación se describen.

6.1. Sensor Web Language (SWL)

SWL actúa como herramienta middleware entre el sistema operativo de la red de sensores y la infraestructura web. Es un medio eficaz para programar redes de sensores. SWL proporciona la comunicación entre una red de sensores y la Web [14]. SWL es un extensible, lenguaje orientado a objetos que soporta robustez, paso de mensajes por encima de los componentes. En la gráfica 5 se puede observar la arquitectura de SWL.

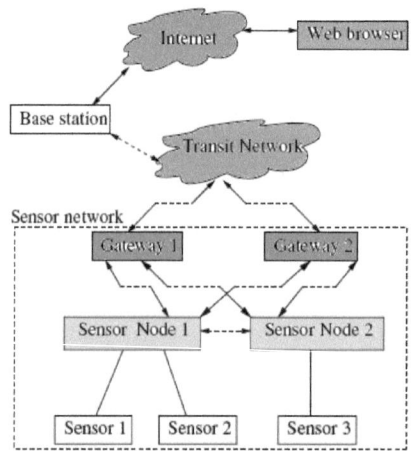

Gráfica Nro. 5 arquitecturas swl [14]

Entre las funciones de SWL cuenta con:

- Un nodo sensor puede diagnosticar situaciones anómalas en los sensores específicos, tales como lecturas erróneas o falta de respuesta, y enviar alertas de primer nivel a la estación base. Puede diagnosticar el comportamiento anormal entre los sensores conectados a él y poner en marcha un segundo nivel de alerta. Un nodo pasarela puede detectar nodos sin respuestas y poner en marcha las alertas, además, puede optimizar su comunicación hacia la estación base cuando una o más pasarelas se encuentren saturadas.

- Un objeto web tiene definida la siguiente gramática alert, alertR, changeI, Ichange, switchG, Gswitch, setT, Tset, syncT y Tsync. Estos objetos permiten escribir programas en SWL que incluyen objetos de red de sensores de alta fiabilidad crítica. Aunque no se ha adoptado como un estándar, existen proyectos como Large Scale Environmental Monitoring through Integration of Sensor and Mesh Networks [15] ,en los cuales se están implementando.

6.2. SensorML

Nace con el objeto de resolver la necesidad de estandarizar la descripción de los archivos de todos los aspectos relacionados con sensores de geolocalización, fue propuesto por la comunidad de ciencia planetaria, implementado en el software SPICE, y finalmente, desarrollado y mantenido por los Auxiliares de Navegación y de Información (NAIF) de la NASA JPL. En el año de 1993, la Universidad de Alabama en Huntsville (UAH), en cooperación con la NASA JPL, implementó y probó el SPICE como concepto de aplicación en la comunidad de observación de la tierra.

En septiembre de 1998, Mike Botts introduce los inicios de "Sensor Description Format" de CEOS GMTT [16] y recibe recomendaciones para considerar a XML como un framework de descripción. En septiembre de 1999, la versión inicial de SensorML basada en XML fue introducida en CEOS GMTT. De ahí en adelante se siguieron dando grandes pasos en el desarrollo de SensorML. Para tener un estándar maduro, en marzo de 2001 la OGC inicia con el proyecto Open Web Services (OWS), enfocados en el diseño y prueba de los OWS, donde SML describe las características y capacidades de un sensor, si el sensor está diseñado para in-situ o remotas. En marzo de 2005, la OGC empezó el proyecto OWS3, permitiendo a SensorML y al resto de componentes adelantar pruebas y experimentos de interoperabilidad

Una de las organizaciones que más ha realizado esfuerzo investigativo en esta área ha sido realizado por el Open Geospatical Consortium (OpenGIS) [17], y autor del estándar llamado SensorML [18]. Es un esquema XML para la definición geométrica, dinámica y características de observación de un sensor. El lenguaje de modelo de sensor (SensorML) es un componente vital del sensor que proporciona la información necesaria para el descubrimiento, el tratamiento, y georegistro de observación de sensores. Los objetivos de la descripción de los sensores son:

➢ Descubrimiento de sensores, sistemas de sensores, y procesos.
➢ El procesamiento de la carta de observaciones.
➢ Linaje de observaciones.
➢ Apoyo a tareas, observación, y servicios de alerta.
➢ Plug-n-Play, de auto-configuración, y redes de sensores autónomos
➢ Archivo de parámetros del sensor.

Como parte de sus esfuerzos para permitir el acceso de dispositivos residentes a la Web, la OGC crea un marco para maximizar el descubrimiento y la interoperabilidad de los sistemas de sensores a través de la Web, en un estándar basado en servicios. Actualmente, el marco define el catálogo de servicios para descubrir los sensores y los datos del sensor, para acceder a servicios de recolección en tiempo real o datos archivados de observación, los servicios de planificación de tareas para los sensores, y servicios de notificación para proporcionar a los usuarios los resultados de las tareas o las solicitudes de alerta a los usuarios de otros servicios, para observar los fenómenos de interés [18].

Además, el marco incluye la forma estándar de codificación de la observación y medición para la descripción y esquema geométrico, dinámica y características de los sensores de observación de todo tipo. SML proporciona un modelo funcional de apoyo a la transformación y de geolocalización de las observaciones del sensor, en lugar de una descripción detallada de sensores de hardware. Proporciona apoyo para la conservación in situ y sensores remotos, tanto en plataformas estáticas como dinámicas. En la gráfica 6 se puede observar la forma en que se estructura sensorML.

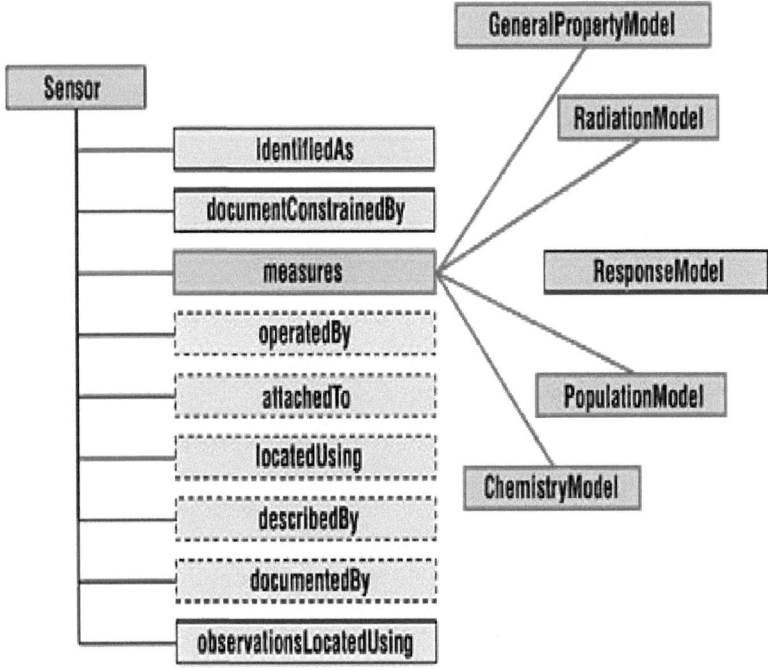

Gráfica 6 Descripción de las capacidades de sensorML [18]

SensorML proporciona una descripción completa de las capacidades de un instrumento y da la información necesaria para procesar y geolocalizar los datos medidos. La información incluye el nombre del sensor, el tipo y número de identificación; la clasificación de las limitaciones de la descripción , una referencia a la plataforma de descripción, el sensor de la definición del sistema de coordenadas; la ubicación del sensor, las características de respuesta y la información de los geolocalización.

La información facilitada consiste en:

> Características de la observación. Propiedades físicas medidas (temperatura, humedad, velocidad del viento, pluviosidad, etc.) características de calidad (precisión y exactitud) y de la respuesta

> Características geométricas. Tamaño, forma, función espacial.

6.2.1. Modelo de Proceso

Define automáticamente los modelos de proceso de los detectores y tienen cuatro secciones:

- Metadatos
- Entradas, salidas
- Parámetros
- Métodos

Las entradas, salidas, y parámetros se definen de la misma forma en todos los servicios SWE, que se describirán más adelante. En la gráfica 7 se describe los modelos de procesos de sensores según SML.

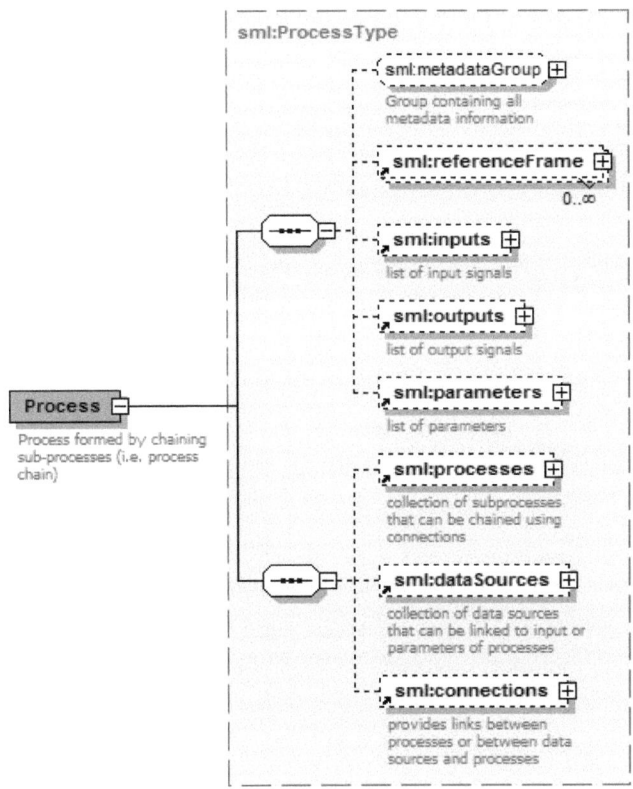

Gráfica 7. Descripción de los modelos de procesos de sensor en SML [18].

El bloque compuesto de procesos no físicos consiste en la conexión de subprocesos, los cuales pueden ser modelos de procesos o cadenas de procesos [19][20]. Teniendo en cuenta que una cadena de procesos también incluye fuentes de datos, así como conexiones que explícitamente contengan las entradas y salidas de señales de subprocesos. Los métodos de procesos definen el comportamiento y la interfaz de un modelo de proceso. Estos se pueden almacenar en una librería que puede ser utilizada por diferentes instancias del modelo de procesos. En la gráfica 8 se puede apreciar la agregación de datos.

```
<!—soft-typed DataGroup-->

<output name="status">
  <swe:DataGroup>
    <swe:component name="hFOM">
      <swe:Time definition="urn:ogc:data:ogc1.0.3:gps:HFOM" uom="urn:ogc:unit:meter"/>
    </swe:component>
    <swe:component name="vVFOM">
      <swe:Quantity definition="urn:ogc:data: ogc:.0.3:gps:VFOM" uom="urn:ogc:unit:meter"/>
    </swe:component>
    <swe:component name="hDOP">
      <swe:Quantity definition="urn:ogc:data:ogc:1.0.3:gps:HDOP" uom="urn:ogc:unit:meter"/>
    </swe:component>
    <swe:component name="vDOP">
      <swe:Quantity definition="urn:ogc:data:ogc:1.0.3:gps:VDOP" uom="urn:ogc:unit:meter"/>
    </swe:component>
    <swe:component name="numSys">
      <swe:Count definition="urn:ogc:data:ogc:1.0.3:gps:NUMSYS"/>
    </swe:component>
    <swe:component name="navMode">
      <swe:Count definition="urn:ogc:data:ogc:1.0.3:gps:NAVMODE"/>
    </swe:component>
  </swe:DataGroup>
</output>
```

Gráfica 8. Datos de grupos [20]

SML permite el desarrollo de sensores de plug-n-play, simulaciones y procesos, que perfectamente se pueden agregar a los sistemas de apoyo en la decisión. La característica de auto descripción de sensores habilitados para SML y procesos también apoya el desarrollo de redes de sensor autoconfigurables, así como el desarrollo de redes de sensores autónoma en el que los sensores pueden publicar avisos y tareas que pueden suscribirse y reaccionar junto con otros sensores. Algunas de las aplicaciones de SML se pueden ver en [21] en el cual consiste en servicio basado en relación sobre un modelo de datos, llamado *iGrid dentro del proyecto GridLab de la Unión Europea.* El cual usa redes de sensores en ambiente grid, y utiliza el diseño de la estructura de la información basada en SML.

SML, el cual hace uso de tecnologías como GML (The Geographic Mark Language) [22] es un XML basado en esquemas de definición e información geográfica. Está diseñado para modelar, intercambiar información geográfica para suministrar habilidades de descripción geográfica incluyendo características, referencia de coordinación de sistemas, geometría, topología, tiempo, unidades de medida y valores generalizados. GML soporta geometrías complejas, espaciales y sistemas temporales de referencia, unidades de medidas, metadatos, datos en malla y, estilos por defecto de características y visualización de coberturas.

Otra tecnología que usa SensorML es TML (Transducer Mark Language) [23][24], el cual es un lenguaje de intercambio de datos de sensores entre un sistema de sensores y un procesador de sensor basado en XML (archivos almacenados o en tiempo real), el lenguaje se comunica con:

- Transductor de datos (datos dinámicos).
- Transductor de metadatos (datos estáticos).
- Metadatos asociados con datos usando URN (datos de formatos que nunca requieren de modificación).

El transductor de metadatos se caracteriza por el qué, cómo y dónde? de los datos, incluyendo las medidas inciertas. TML no es un estándar para productos finales entre usuarios finales, se da entre máquina a máquina. En la gráfica 9 se puede observar el modelo de referencia.

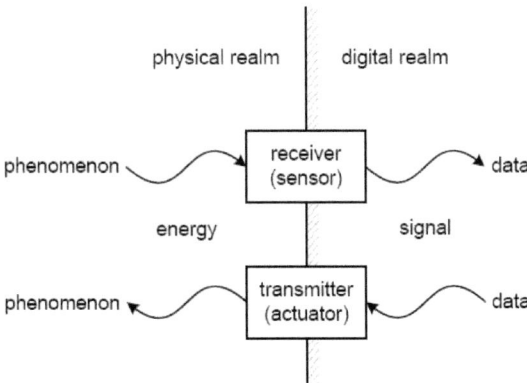

Gráfica 9. Modelo de referencia de TML [24].

6.2.   TinyML

Es un descriptor de lenguaje que se enfoca exclusivamente sobre sistemas embebidos de redes de sensores inalámbricos WSN [25]. Al igual que SensorML, describe las características inherentes a los sensores; los datos de los sensores, los procesos y las plataformas de sensores como tal, en formato XML. A diferencia de SML, este último es mucho más liviano y se construyó con el objeto de superar deficiencias de SML, como es el caso de la definición de las especificaciones. TinyML maneja el concepto de plataforma, el cual consiste en una estructura que contiene un tipo de procesador, una fuente de energía y un dispositivo de comunicación. Las plataformas contienen sensores y actuadores, donde se describen las características y propiedades de los sensores. Una red de sensores es descrita por un campo de sensor, que es una colección de plataformas.

TinyML, maneja el concepto de dispositivos virtuales, que consiste en asociar una plataforma, un sensor virtual o un actuador, que puede ser creado desde dispositivos físicos [25]. Un dispositivo virtual puede ser una colección de salidas de sensores o acciones de actuadores. En las gráficas 10 y 11 se puede ver cómo TinyML maneja los conceptos de plataformas, sensores y dispositivos virtuales.

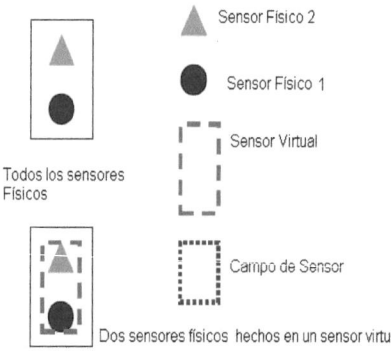

Gráfica 10. Descripción de los sensores físicos y virtuales en TinyML [25]

26

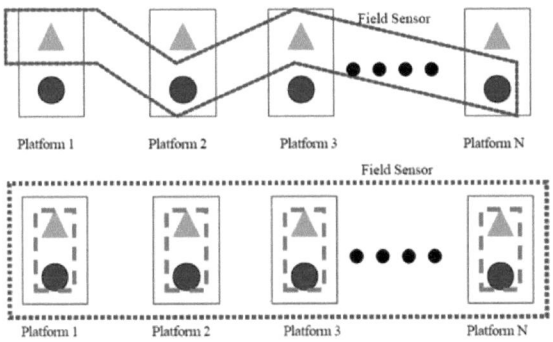

Figura 11. Visión de TinyML [25].

En la gráfica 12 se observan dos redes de sensores, cada uno con un software de aplicación vinculado por TinyML. Muestra Cougar y TinyDB como componentes de las redes de sensores, con la función de proporcionar una interfaz para obtener datos de entrada y salida de la red.

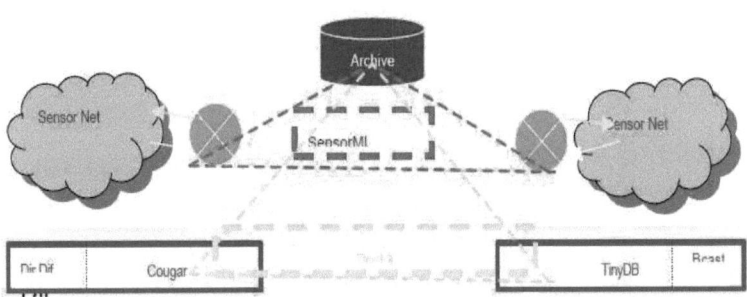

Gráfica 12. Panorámica de TinyML [25].

En la actualidad, no es posible crear interfaces de red de sensores que se adapten a la esencia del modelo presentado en la gráfica 12. Para que sea transparente la aplicación de la solución requiere el uso de XML en la red de sensores en sí, tal como lo muestran las gráficas 13 y 14, lo que significa que cada plataforma debe tener la capacidad para analizar, interpretar, responder y

27

formular XML, en otras palabras, la creación de un DOM en cada nodo. Por consiguiente, habría un aumento significativo en el tráfico de la red, lo que imposibilita la reutilización, que va en contravía de los principios de la interoperabilidad en WSN.

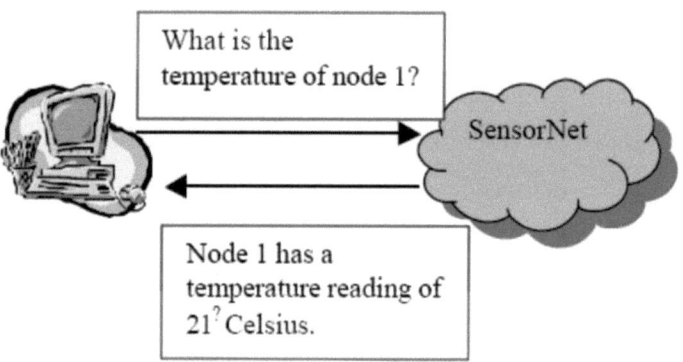

Gráfica 13. Estado ideal en una red de sensores [24].

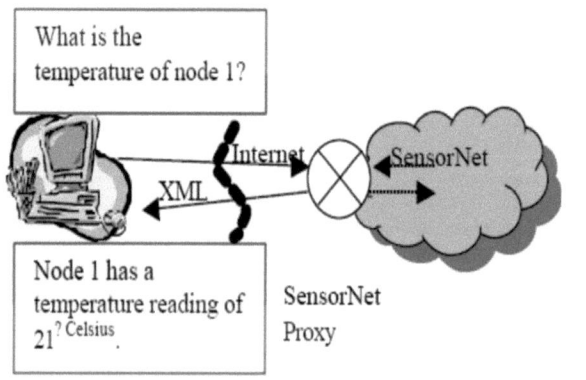

Gráfica 14. Estado en que responden las redes de sensores [24].

CAPITULO III

7. NORMAS PARA COMUNICACIÓN DE DATOS.

Teniendo en cuenta que las redes de sensores generan un gran volumen de datos, gran parte de estos datos hacen parte del quehacer científico y son utilizados para predecir eventos como terremotos, tsunamis, inundaciones, entre otros, a partir de modelos matemáticos. El comité consultivo para sistemas de datos espaciales (CCSDS) [26], ha liderado el tema relacionado con las normas para la ciencia espacial y las comunicaciones de datos. De hecho, el Open Archival Information Systems (OAIS) [27][28] se desarrolló a través del CCSDS.

En la arquitectura de OAIS, existen tres funciones principales (productor, consumidor y gestión) y seis entidades funcionales que son: administrador de ingesta, almacenamiento de archivos, gestión de datos, acceso y planificación de la preservación. Maneja el concepto de paquetes de información que están divididos en tres tipos: presentación, archivo y difusión. Un paquete de información incluye el contenido de contenedores y descriptores de información. La flexibilidad de los paquetes permite una mezcla de datos digitales, análogos o datos físicos de entidades, que finalmente permitirían la descripción de una red de sensores, bien sea, desde una plataforma de sensores o estaciones bases, hasta el mismo nodo sensor, como tal. En la gráfica 15 se observa la arquitectura funcional de OAIS.

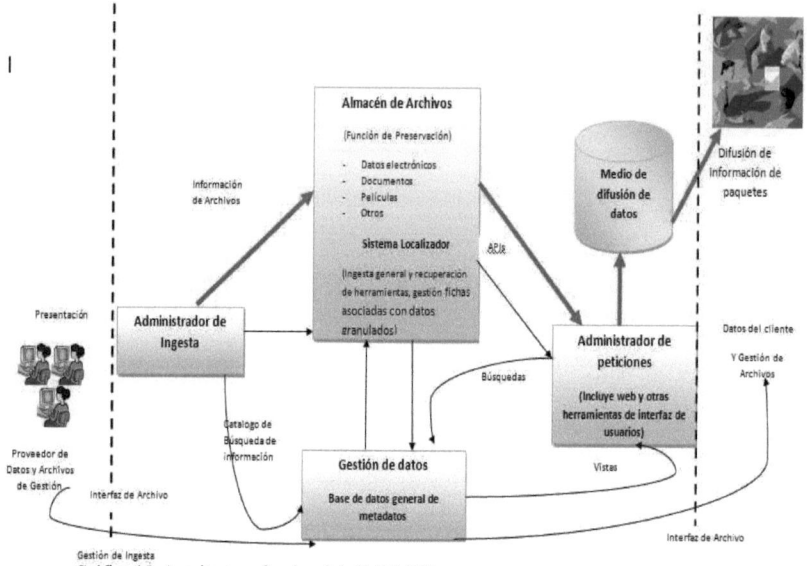

Gráfica 15. Arquitectura funcional de OAIS [28]

7.1. Bases de datos de redes de sensores:

Los sistema de bases de datos de sensores son diseñados para usar datos simples para un conjunto de aplicaciones, tales como monitoreo de variables ambientales. Las principales formas de tratamiento de datos que son soportados dentro de la red son la selección y la agregación, basada en funciones aritméticas como suma y promedio. En cierta forma, ambas se ocupan de la conservación de energía, proporcionando estrategias de procesamiento de consultas que apuntan a conservar los recursos. La base de datos de sensores incluye los datos almacenados y los datos del sensor. Los datos almacenados incluyen el conjunto de sensores que participan en el sensor de la base de datos, junto con las características de los sensores o las características del entorno físico. Estos datos almacenados están mejor representados en las relaciones. Los datos del sensor son generados por las funciones de procesamiento de señal, cuando se elige la representación de los datos del sensor se debe facilitar la formulación de las preguntas del sensor (la recopilación de datos, la correlación en el tiempo).

7.1.1. Sistema de bases de datos Cougar

Cougar [29] es el sistema de bases de datos para sensores cuya funcionalidad radica en el diseño simple de datos de sensores para ser usados por aplicaciones. Las funciones de procesamiento de señales se representan como funciones de tipo de datos abstractos (ADT). Las bases de datos de objetos relacionales soportan datos que proporcionan el acceso controlado a los datos encapsulados, a través de un conjunto bien definido de las funciones. Cougar define un sensor de ADT para todos los sensores de un mismo tipo, por ejemplo, sensores de temperatura, sensores humedad, sísmicos, etc. La interfaz pública de un sensor de ADT corresponde a las funciones de procesamiento de señal de apoyo de un tipo de sensor. Un objeto ADT en la base de datos corresponde a un sensor físico en el mundo real. Las funciones de procesamiento de señal se modelan en funciones escalares. Repitiendo los resultados de una señal activa, las funciones de procesamiento no están explícitamente como modelo, pero si como el resultado de sucesivas ejecuciones de una función escalar durante el lapso de una larga de ejecución de consulta. Las consultas de sensor se formulan en SQL con pocas modificaciones en el lenguaje. La cláusula FROM de la consulta de un sensor incluye una relación cuyo esquema contiene un atributo de sensor de ADT, es decir; una colección de sensores. Algunas expresiones sobre sensores ADTs pueden ser incluidas en la cláusula SELECT o en la cláusula WHERE para consulta sobre el estado del sensor.

7.1.2. Arquitectura de Cougar

En la arquitectura [29] del sistema de bases de datos de sensor de Cougar se denotan los siguientes aspectos:

- Libremente acoplada, distribuida.

- Soporte en redes de computadoras.

- Optimizador de consultas sobre sensor de puerta de enlace.

- Describe el flujo de datos en red.

- Cálculo de flujo en cada uno de los sensores.

- Consulta de los proxys sobre los nodos sensores.

- Registro de consulta.

- Crea operador local de árboles.

- Activar los sensores.

- Retorna los resultados aplicables.

En la gráfica 16 se visualiza la arquitectura de Cougar

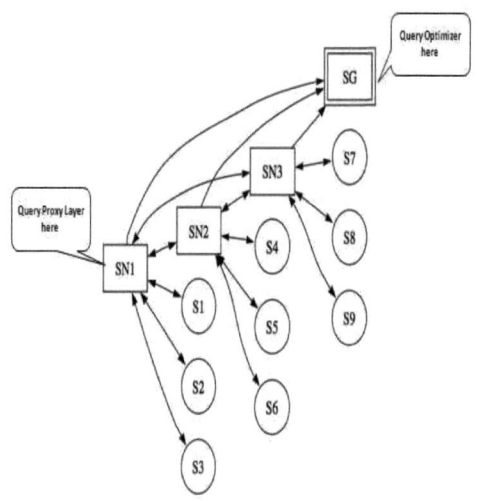

Gráfica 16. Arquitectura de Cougar [29].

A través de esta arquitectura se logra un manejo óptimo de consultas, métodos para escoger nodos aleatoriamente, mantenimiento dinámico en caso de fallas, minimización de la comunicación a distancia entre nodos. En la gráfica 17 se puede ver el esquema de consulta.

Query Plan

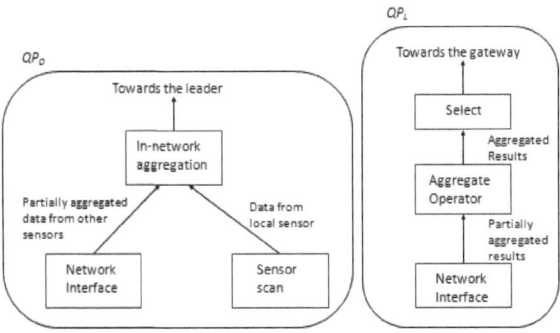

Gráfica 17. Esquema de consulta de Cougar [29]

7.1.3. TinyDB

Es un sistema de bases de datos para el procesamiento de consulta de sensores. TinyDB [30] proporciona una interfaz SQL para especificar los datos que se desean extraer en conjunto con los parámetros adicionales, como es la tasa en la que se deben actualizar los datos. En el modelo de datos, la tupla de sensores pertenece a una tabla de sensores, que lógicamente tiene una fila por nodo y por instante de tiempo, con una columna por cada atributo, por ejemplo, temperatura, humedad, etc., que el dispositivo puede producir. En la adquisición de procesamiento los registros de la tabla son materializados solamente cuando se necesita satisfacer una consulta y normalmente, se almacenan por un corto periodo de tiempo o lo libera directamente a la red. Físicamente la tabla de sensores es particionada a través de todos los dispositivos de la red, con cada dispositivo produciendo y almacenando sus propias lecturas.

Para comparar lecturas desde diferentes sensores, las lecturas deben ser recogidas en algún nodo común. Por ejemplo, calcular la frecuencia de muestreo que se

33

requiere para ampliar la duración de la batería de un nodo, a la consulta solicitada por el tiempo de vida. También usa una estructura de enrutamiento denominada enrutamiento de árbol semántico, para ayudar a los nodos de sensor a determinar con precisión cuándo las consultas deben ser dirigidas a sus hijos, en el árbol de enrutamiento.

La consulta de los lenguajes utilizados por el sensor, son extensiones de sistemas de bases de datos de SQL que se apoyan en flujo de datos temporales y los conceptos que permiten la especificación de datos de sensor de cuándo se tomaron muestras y durante cuánto tiempo. Es basada en eventos de consultas, TinyDB permite a las consultas, que se activen (*trigger*) o terminen por los acontecimientos generados por otras consultas o por software que se ejecuta en un nodo sensor.

Un ejemplo de consulta puede ser el siguiente:

```
         SELECT nodeid, light, temp
         FROM sensors
         SAMPLE PERIOD 1s FOR 10s
```

En esta consulta se especifica que cada nodo debe responder por su propio id, lecturas de luz y temperatura desde la tabla sensores en un periodo entre 1 a 10 segundos. En la siguiente consulta se puede ver a través de la consulta la id de los sensores y la aceleración adquirida en los últimos 30 días.

```
SELECT nodeid, accel
FROM sensors
LIFETIME 30 days
```

Una ventana deslizante de lecturas recientes

```
CREATE STORAGE POINT recentLight SIZE 8 AS
(SELECT nodeid, light FROM Sensors
SAMPLE PERIOD 10s);
```

Agregación instantánea

```
SELECT AVG(volume), room FROM Sensors
WHERE floor = 3
GROUP BY room
HAVING AVG(volume) > threshold
SAMPLE PERIOD 45s;
```

Detección y generación de eventos

```
SELECT nodeid, temp FROM Sensors
WHERE temp > threshold
OUTPUT ACTION SIGNAL hot(nodeid, temp)
SAMPLE PERIOD 10s;
```

8. SENSOR WEB (DEFINIDO DESDE LA VISIÓN DE LA NASA)

Es un sistema dinámico adaptable y reconfigurable que proporciona datos en bruto y procesados, asociados con metadatos, por la vía de un conjunto de estándares basados en servicios y orientados a interface [31]. De acuerdo a la definición del concepto de la NASA, se puede ver en la gráfica 18, la arquitectura y varias de las entidades externas, tales como los diversos tipos de usuarios y recursos externos (por ejemplo, modelos, aplicaciones y archivos) que interactúan con el sensor web. Estas entidades interactúan con el sensor de la web, mediante el intercambio de información y las solicitudes de trabajos, y el intercambio de datos y metadatos. Una característica importante de las redes de sensores es la interoperabilidad.

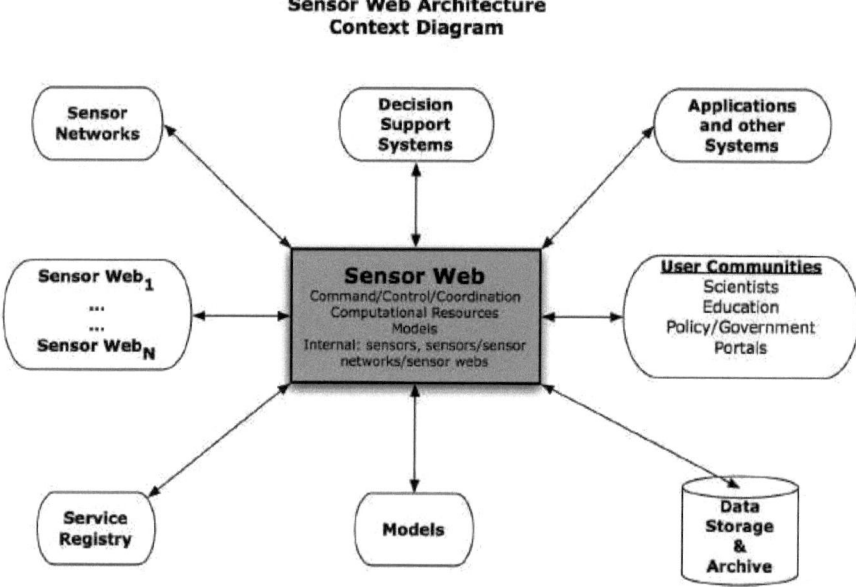

Gráfica 18. Arquitectura de Sensor Web: Diagrama de flujo de datos [31].

Una red de sensores web puede incluir otros componentes, tales como los modelos internos, distintos tipos de almacenamiento de datos, e incluso, posiblemente, la capacidad de soporte a la toma de decisiones. Estas capacidades no requieren tener un núcleo básico de sensores web. La arquitectura de red de sensores web, son capaces de adaptarse dinámicamente a los cambios que el usuario solicita, los estados o los recursos del sistema mediante la utilización de la información, funcionalidad y las interfaces entre las entidades internas y externas necesarias para soportar esta funcionalidad. Sensor web puede necesitar realizar la programación y planificación de funciones para los diversos recursos que componen la red de sensores. Esto es claramente un aspecto relacionado con las operaciones del sensor que se beneficien del funcionamiento autónomo, de hecho puede no funcionar si se tratara de rutinas que requieran la intervención humana.

CAPITULO IV

9. APLICACIONES DE SENSOR WEB.

Dentro de las aplicaciones de sensor web que la NASA ha implementado varios escenarios como el estudio de terremotos en California, el cual utiliza instrumentos de la red sismológica de California CISN (The California Integrated Seismic Network) [32]. Esta organización notifica a entidades locales, estatales federales y agencias de atención de desastres, las cuales en sus notificaciones crean y distribuyen mapas de riesgos. Se generan imágenes en tiempo real que son enviadas a las agencias de respuestas de desastres (DRAs). Se revisan y se hacen solicitudes de DRA a través de sensor web CISN, de imágenes en tiempo real con alta resolución de los lugares donde se ha presentado la emergencia, para dar respuestas inmediatas a las mismas. Además de este proyecto hay otras aplicaciones como el monitoreo de Ecosistemas [33], riesgos de la tierra [34] y soporte al pronóstico del tiempo [35].

9.1. Sensor Web Enablement

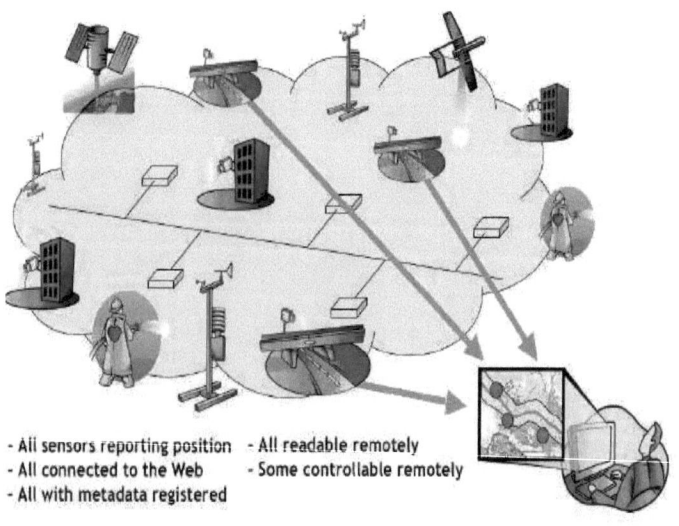

- All sensors reporting position
- All connected to the Web
- All with metadata registered
- All readable remotely
- Some controllable remotely

Gráfica 19. Visión de Sensor Web Enablement [17]

Esta es una propuesta de habilitamiento de las redes de sensores en la web por parte de la Open Gis Consortium (OGC) [17]. Tiene como finalidad hacer que todo tipo de sensor ya sea estacionario o en movimiento, se encuentre interconectado a través de internet. Para ello define una serie de estándares y frameworks como marco de referencia para la integración de los diferentes tipos de sensores [36]. La metodología de integración e interoperabilidad la logra a través de unos formatos previamente coordinados como son los metadatos de SensorML, GML, TML, quienes finalmente son los elementos cruciales de los sensores para la gestión de los datos, las especificaciones, las plataformas y sus estaciones base, para ser vistos e interoperados desde la web. En la gráfica 19 se observa la visión de Sensor Web Enablement.

Dentro de las características de Sensor Web Enablement se describen las siguientes:

- Es un marco de interoperabilidad para el acceso y la utilización de sensores y sistemas de sensores en un contexto espacio-tiempo a través de Internet y protocolos Web.

- Un conjunto de servicios basados en la red que puede ser utilizado para mantener un registro de los sensores disponibles y de observación de las consultas.

- La misma tecnología web estándar para la descripción de los sensores: "los productos, las plataformas, la ubicación y parámetros de control se debe utilizar en las aplicaciones".

    - Esta norma incluye las especificaciones de las interfaces, protocolos y codificaciones que permiten el uso de datos de sensores y servicios. En la gráfica 20 se observa la arquitectura de SWE.

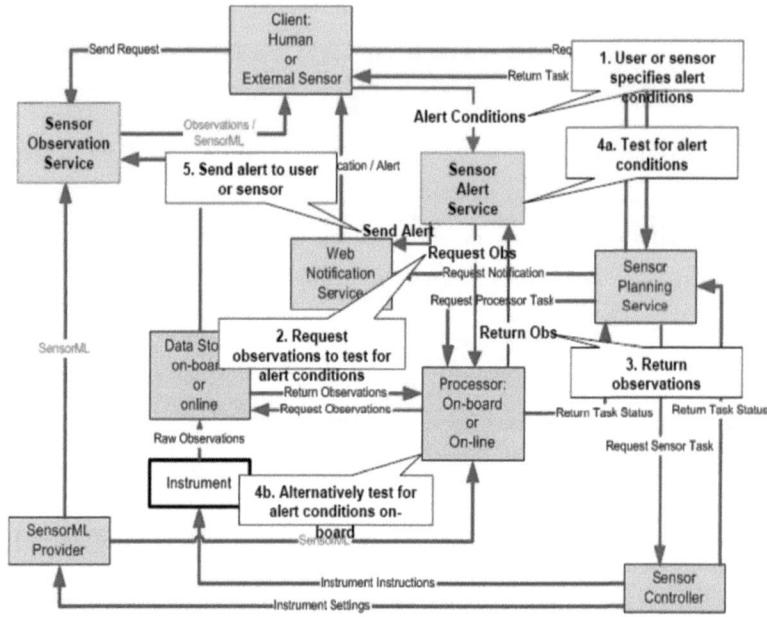

Gráfica 20. Arquitectura de SWE [17]

A continuación se mencionan algunos de los aspectos a los que se quiere llegar con SWE.

- Descubrimiento rápido de sensores (seguros o públicos) que pueden reunir las necesidades de localización, observación, calidad, habilitación y tareas.
- Obtener información del sensor en un estándar de codificación que sea comprensible por el software del cliente.
- Sensores de fácil acceso de observaciones en una manera común, y en una forma específica a las necesidades.
- Suscribir y recibir alertas cuando un sensor mide un determinado fenómeno.

En la gráfica 21 se puede observar la interoperabilidad de Sensor Web Enablement.

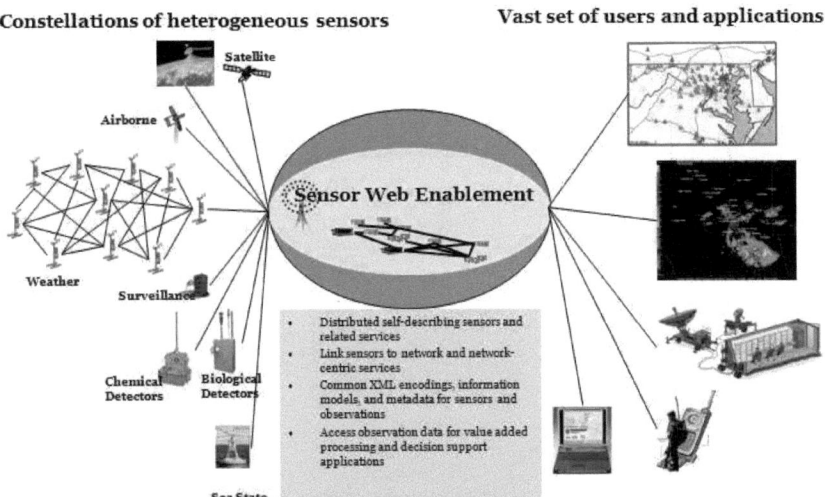

Gráfica 21. Interoperabilidad vista desde SWE [17].

Dentro de la iniciativa SWE, la habilitación de sensor web se está llevando a cabo a través de la creación de varias codificaciones para describir los sensores y sensor de observaciones, y a través de varias definiciones de interfaz estándar para servicios web. El prototipo de los miembros de la OGC incluyen las siguientes especificaciones de la OpenGIS:

- Observación y medidas (O&M
- SensorML (SML)
- GeographyML (GML)
- TransducerML (TML)

En la gráfica 22 se observan los componentes, descritos en la parte inicial de este documento

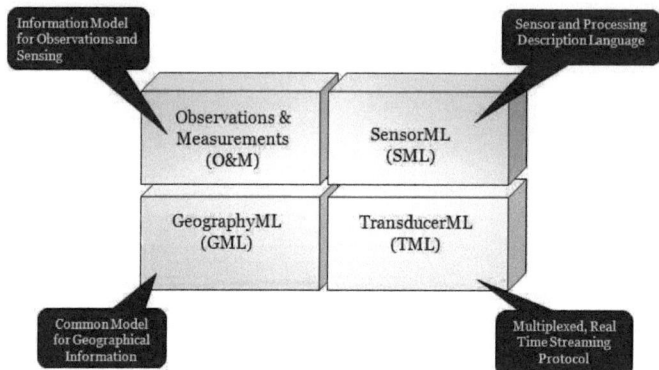

Gráfica 22. Componentes de Sensor Web Enablement [17]

Esta serie de componentes que se observan en la grafica anterior, se establecen los formatos mediante el cual se pueden caracterizar a los sensores, datos de sensores y plataforma de sensores para habilitarlos a la web.

Un componente bien interesante es el de **observación y medida (O&M),** el cual es un modelo de esquemas XML y codificación para observaciones y mediciones de un sensor, tanto archivados como en tiempo real.

En la gráfica 23 se puede apreciar un esquema XML para la descripción de fenómenos.

```
<om:CompositePhenomenon gml:id="TM">
  <gml:description>Landsat Thematic Mapper all bands</gml:description>
  <gml:name>Landsat TM</gml:description>
  <om:basePhenomenon xlink:href="#Radiation"/>
  <om:constraintSet>
    <om:TypedValueArray axis="#Wavelength">
      <gml:valueComponents>
        <gml:QuantityExtent uom="#um">0.45 0.52</gml:QuantityExtent>
        <gml:QuantityExtent uom="#um">0.52 0.60</gml:QuantityExtent>
        <gml:QuantityExtent uom="#um">0.63 0.69</gml:QuantityExtent>
        <gml:QuantityExtent uom="#um">0.76 0.90</gml:QuantityExtent>
        <gml:QuantityExtent uom="#um">1.55 1.75</gml:QuantityExtent>
        <gml:QuantityExtent uom="#um">10.4 12.5</gml:QuantityExtent>
        <gml:QuantityExtent uom="#um">2.08 2.35</gml:QuantityExtent>
      </gml:valueComponents>
    </om:TypedValueArray>
  </om:constraintSet>
</om:CompositePhenomenon>
```

Gráfica 23. Esquema XML para descripción de fenómenos [37]

Todos esos componentes se unen para formar un servicio web, que finalmente es la razón de ser de Sensor Web Enablement; habilitar las redes de sensores a la web. En la gráfica 24 se observa la composición de los servicios web de SWE.

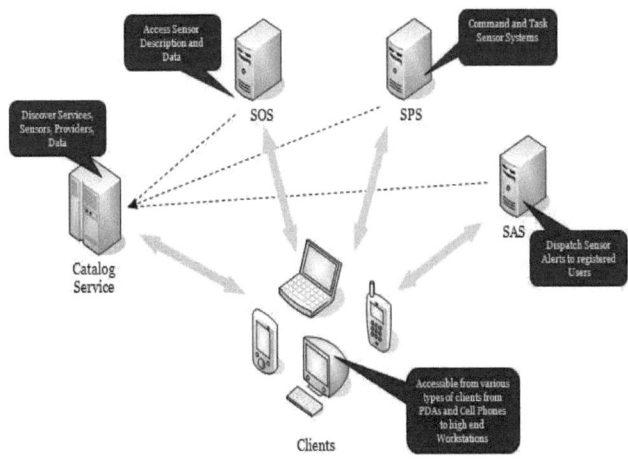

Gráfica 24. SWE componentes de Servicios Web [37].

Observando la gráfica anterior se puede notar una serie de componentes que son fundamentales en la creación de los servicios web, que a continuación se analizaran:

9.1.1. Catalogo de Servicios (CSW)

El catálogo de servicios de OpenGIS [37] es una interfaz estándar que apoya la capacidad de publicar y buscar colecciones de información descriptiva (metadatos), acerca de los datos geoespaciales y servicios relacionados con los recursos. Los proveedores de recursos utilizan catálogos de registro de metadatos que se ajustan a la elección del proveedor, quien escoge un modelo de información. Estos modelos incluyen descripciones de las referencias espaciales e información temática. Las aplicaciones cliente pueden buscar datos geoespaciales y servicios de manera muy eficiente. La siguiente gráfica describe las características de CSW.

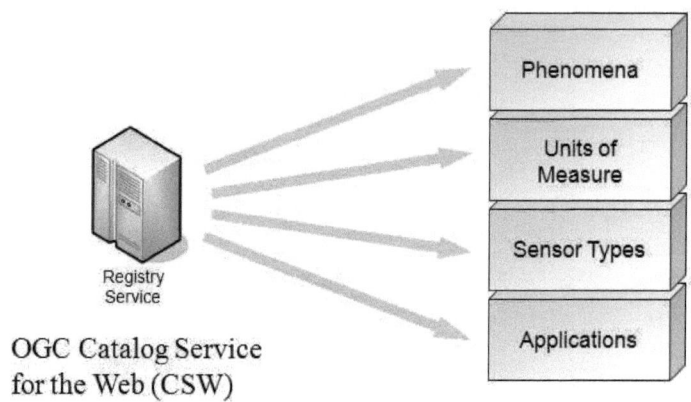

Gráfica 25. Catalogo de Servicio Web [37]

9.1.2. Servicio de Observación de Sensor (SOS)

Proporciona una API [38] para el manejo de sensores desplegados y recupera los datos del sensor. Esto puede ser bien sea desde sensores in situ, por ejemplo, monitoreo de la calidad del agua o dinámica de sensores, imágenes por satélite. Las mediciones realizadas desde los sistemas de sensor parten en su gran mayoría de datos geoespaciales, los cuales son utilizados en los sistemas de geoespaciales en la actualidad. Es la interfaz de servicios web para la solicitud, el filtrado, y la recuperación de observaciones y la información del sistema de sensores. Este es el intermediario entre un cliente y un repositorio de observación o un canal en tiempo real. En la gráfica 26, se observa el concepto del Servicio de Observación de Sensor.

44

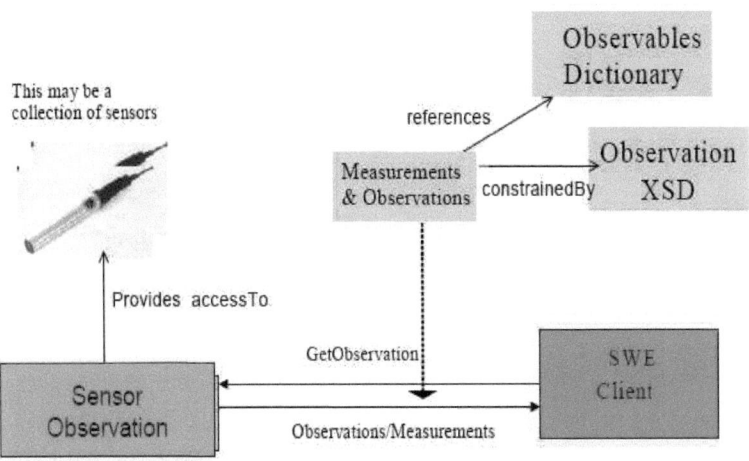

Gráfica 26. Concepto del Servicio de Observación de Sensor (SOS) [38]

En SOS tiene en su núcleo tres operaciones obligatorias que son:

➢ GetObservation. Esta operación suministra acceso a la observación y medidas de datos vía espacio temporal, a través de consultas que pueden ser filtradas por fenómenos.

➢ DescribeSensor: Esta operación recupera la información detallada acerca de lo que hacen los sensores con sus medidas y las plataformas que portan a los sensores.

➢ GetCapabilities: Suministra las operaciones de recursos para el acceso del servicio de metadato de SOS.

9.1.3. Sensor Planning Service (SPS).

Interfaz estándar de servicios web para la solicitud de usuario basada en adquisiciones y observaciones. El servicio de planificación de sensor suministra una interfaz activa de sensores y la información recolectada [39]. Es el intermediario entre un cliente y una colección de administración de entorno de sensor. Es un servicio que determina la viabilidad de los datos que se reúnen de una a varias plataformas de sensores y los procesos de solicitud y transacción de recolecciones de datos. SPS es una interfaz estándar que proporciona capacidades de consulta y asignación de sensores, tratamiento de observaciones del sensor, simulación y registro para la notificación de alertas. SPS maneja siete operaciones principales que son:

- GetCapabilities: Anuncia capacidades del SPS.
- DescribeCollectionRequest: SPS proporciona un formulario XForm para especificar los parámetros requeridos para una petición dada.
- GetFeasibility: Comprueba la viabilidad de completar la tarea requerida.
- SubmitRequest: Tarea solicitada actualmente.
- CancelRequest: Detiene la tarea.
- UpdateRequest: Cambia o actualiza la tarea.
- GetStatus: Comprueba el progreso de la tarea.

En la gráfica 27 se puede observar claramente el servicio de planificación de sensor (SPS).

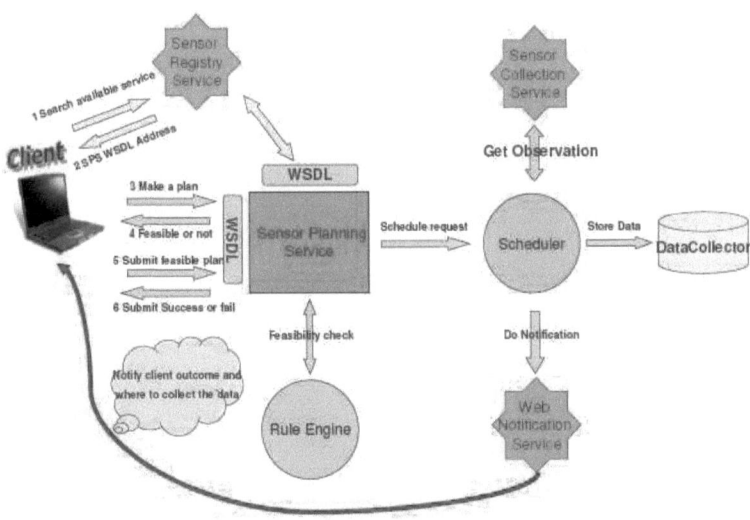

Gráfica 27. Servicio de Planificación de Sensor (SPS) [39]

9.1.4. Servicio de Notificación Web (WNS)

Interfaz estándar de servicio web para la entrega asíncrona de mensajes o alertas de MSF SAS, servicios web y otros elementos de servicio de los flujos de trabajo [40]. El servicio de notificación web es un mecanismo mediante el cual se informa a programas de computadoras, a otras redes de sensores y a personas, sobre la información generada por el servicio de planificación de sensor, que puede ser la lectura acerca del monitoreo de un fenómeno en particular [41], por ejemplo una variable ambiental (el nivel de agua de un rio), o alertar a los usuarios acerca del suceso. El modelo de servicio de notificación web incluye dos diferentes tipos de notificaciones. En primer lugar, le suministra al usuario comunicación en una sola vía, es decir, se le envía la información sin esperar una respuesta. En segundo lugar, las dos vías de comunicación ofrecen al usuario la información y espera algún tipo de respuesta asíncrona. Esta diferenciación implica las diferencias entre simple y sofisticado WNS. Una simple WNS proporciona la posibilidad de notificar a un usuario y/o servicio que se produjo un acontecimiento concreto. Además de lo anterior, este último es capaz de recibir una respuesta por parte del usuario. Para la notificación en una sola vía se usan los siguientes medios:

- E-mail

- HTTP-call

- SMS

- Teléfono celular

- Fax

Estas son las operaciones usadas en WNS:

- ➢ **GetCapabilities**: Describe las capacidades de un servicio

- ➢ **registerUSer:** La operación permite registrar a los usuarios para recibir notificaciones. La dirección de usuario y el protocolo tiene que ser suministrados. El WNS debe suministrar un administrador de usuarios.

- ➢ **doNotification**: Es llamada para la notificación de un usuario.

- ➢ **doCommunication**: Es llamada para iniciar la comunicación con un usuario. La comunicación contribuye a una estructura de dialogo asincrónico, esto significa que el WNS enviara la notificación al usuario.

- ➢ **doReply:** Es una forma para que el usuario pueda responder a un diálogo de notificación. Puede ser el método que se utiliza con más frecuencia para este fin.

En la gráfica 28 se puede observar el servicio de notificación web.

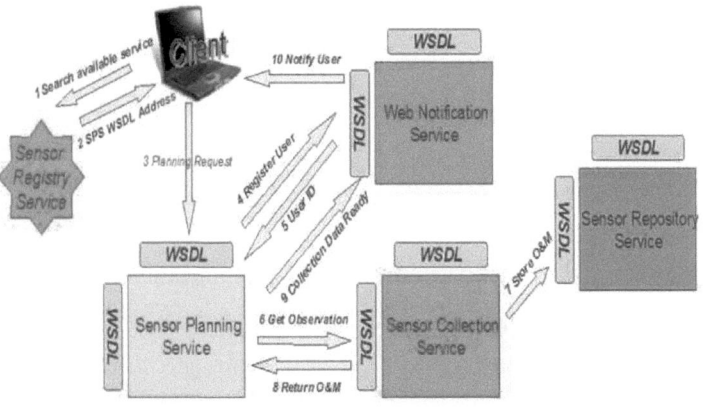

Gráfica 28. Servicio de Notificación Web [41]

9.1.5. Aplicaciones de Sensor Web Enablement

En la actualidad hay una gran gama de aplicaciones realizadas a través de la tecnología de SWE, aquí se describen un par de proyectos que usan de principio a fin las posibilidades que ofrece SWE.

9.1.5.1. SANY

Sensores en cualquier lugar, es un proyecto integrado de IST (Information Society Technologies), el cual está asociado a redes de sensores de medio ambiente y el riesgo de las aplicaciones de gestión [42][43]. Este proyecto pretende contribuir a los esfuerzos conjuntos de la Comisión Europea (CE) y la Agencia Europea de espacio (ESA) sobre vigilancia global de medio ambiente y seguridad (GMES) con el propósito de mejorar la interoperabilidad de sensores in situ y redes de sensores. Básicamente este proyecto propone el desarrollo de una arquitectura de servicios de sensor (SensorSA), que permitirá reutilización rápida de datos y servicios de fuentes actualmente incompatibles [44]. Con el fin de garantizar la sostenibilidad de los resultados del proyecto, SANY reutiliza los estándares abiertos del consorcio W3C, OASIS, ISO y la infraestructura abierta de Open Gis Consortium (OGC).

El proyecto tiene como finalidad los siguientes aspectos: un servicio para recuperar datos de "observación" de sensor y meta-información, el llamado "servicio de observación de sensor" (SOS); haciendo invocación del "servicio de planificación de sensores" (SPS); y el servicio que permite a los usuarios suscribirse a los tipos específicos de alertas, conocidos como el "servicio alerta de sensor" (SAS); y finalmente el servicio que facilita el intercambio de mensaje asíncronos entre los usuarios y servicios y entre los dos servicios OGC-SWE, el "servicio de notificación web" (WNS). En la gráfica 29 se puede apreciar la arquitectura propuesta, que busca la interoperabilidad en entornos de redes de sensores orientadas al monitoreo del estudio de la tierra y el espacio.

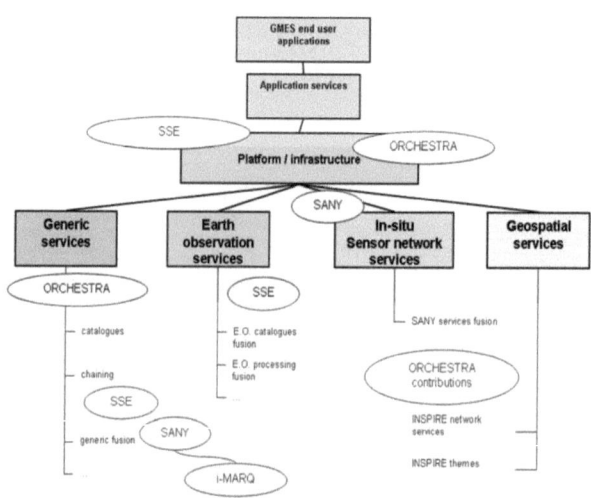

Gráfica 29. Arquitectura propuesta por SANY [43]

9.1.5.2. SensorNet

Es un marco de interoperabilidad neutral de descubrimiento con base web para el acceso, control, integración, análisis, y visualización de los sensores en línea, depósitos de datos obtenidos de los sensores, y capacidades de proceso relacionadas con el sensor [45]. SensorNet intenta crear un sistema de área extensa para reunir y analizar datos de los sensores por todo EEUU para controlar y detectar amenazas y alertar a las agencias, para dar respuesta a emergencias. El proyecto está diseñado y desarrollado por la división de Ingeniería y Ciencias de la Computación Oak Ridge National Laboratory (ORNL) [46], en colaboración con la administración oceánica y atmosférica nacional (NOAA) [47], el consorcio geoespacial abierto (OGC) [17], el instituto nacional para normas y tecnología (NIST) [48], el departamento de defensa, numerosas universidades [49] y socios de sector privado. El propósito de SensorNet es proporcionar la construcción de un sistema por todo Estados Unidos para la detección en tiempo real, identificación, y evaluación de sustancias químicas, biológicas, radiológicas, nucleares y explosivos. La gráfica 30 muestra la interoperabilidad entre los sensores.

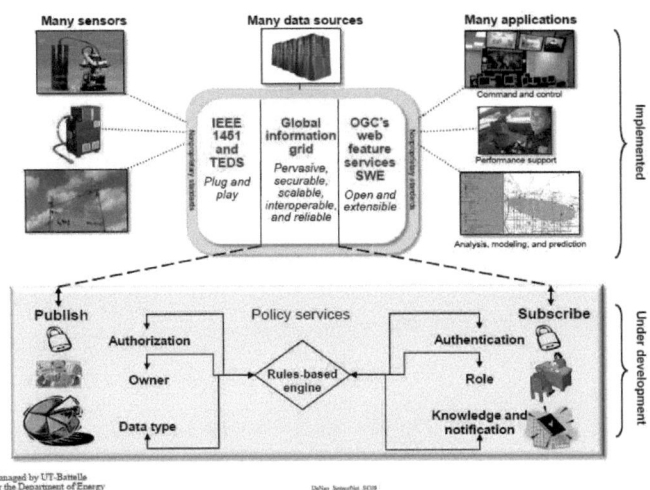

Gráfica 30. Estándar de interoperabilidad SensorNet [50]

Los desarrolladores de SensorNet implementaron un middleware que reúne refuerzos e interoperabilidad en el nodo de SensorNet para asegurar el control del sensor y localización, al proporcionar al mismo tiempo los accesos de usuarios y aplicaciones remotas a los mensajes de nivel de aplicación y de baja frecuencia. Los sensores pueden ser simplemente un actor software desde el sitio de una fuente de datos almacenados. Los datos recolectados pueden ser procesados por el nodo antes de ser conducidos a la infraestructura central. Los repositorios de datos usan servicios basados en la web para compartir información con sus pares regionales. Directamente por aplicaciones, servicios de centros regionales de datos ordenado por software recolector dentro de los nodos para reunir los datos de sensores periódicamente. Los servicios de aplicación también pueden interactuar directamente con los nodos.

REFERNCIAS

[1] Escolar Soledad ,Carretero Jesus,Garcia , Felix, Isaila Florin, fernandez Javier. Acabando con los desarrollos ad-hoc en Wireless Sensor Networks. Universid Carlos III de Madrid, grupo Arcos. 2006.

[2] Hill Lester Jason. System Architecture for Wireless Sensor Networks. University of California, Berkeley. 2003. [3] LEWIS F. L. Wireless Sensor Networks. The University of Texas at Arlington. 2004

[4] W3C, SOAP Web Site:http://www.w3.org/TR/SOAP/. 2009.

[5] Arch Rock Corporation. A Sensor Network Architecture for the IP Enterprise. Cambridge, Massachusetts, USA. 2007.

[6] Eastman Timothy ,Borne Kirk , Green James L. , Grayzeck Edwin J. , McGuireRobert E. ,Sawyer Donald M. ESCIENCE AND ARCHIVING FOR SPACE SCIENCE. 1QSS Group, Inc., Space Physics Data Facility, NASA Goddard Space Flight Center (GSFC). 2005.

[7] Sherwood Rob and Chien Steve. Sensor Web Technologies: A New Paradigm for Operation. Jet Propulsion Laboratory, California Institute of Technology. 2007

[8] ESTO/AIST Sensor Web PI Meetings. http://esto.nasa.gov/sensorwebmeeting/. 2009.

[9] ARAKI Yasuhiro, NGUYEN Minh Tuan, MORIKAWA Hiroyuki. Design and Implementation of sensor network on the NGN/IMS. The University of Tokyo. 2007.

[10] Winkowski Dan,Cokus Mike. XML Sizing and Compression Study For Military Wireless Data. The MITRE Corporation. 2007.

[11] Herman Ivan, Swick Ralph, Brickley Dan .Resource Description Framework (RDF). http://www.w3.org/RDF/. 2009.

[12] W3C Recommendation 10 February 2004, RDF Primer. http://www.w3.org/TR/rdf-primer/. 2009.

[13] Amit Sheth. Semantic Sensor Web. ARC Research Network on Intelligent Sensors, Sensor Networks and Information Processing – ISSNIP talk. Melbourne. 2008.

[14] Nickerson Bradford G. , Sun Zhongwei , Arp John-Paul . A Sensor Web Language for Mesh Architectures. University of New Brunswick. 2005.

[15] Jurdak Raja, Nafaa Abdelhamid , Barbirato Alessio. Large Scale Environmental Monitoring through Integration of Sensor and Mesh Networks.   University College Dublin. 2008.

[16] The Earth Observer.http://eospso.gsfc.nasa.gov/eos_observ/7_8_96/p24.html.

[17] The Open Geospatial Consortium, Inc. (OGC) Web Site: http://www.opengeospatial.org/.

[18] Introduction to SensorML. http://vast.uah.edu/index.php?option=com_content&view=article&id=14&Itemid=52

[19] Botts Mike. Sensor Model Language SensorML) and Sensor Web Enablement (SWE). University of Alabama. 2006.

[20] Sensor Model Language (SensorML),Implementation Specification. Open Geospatial Consortium Inc. 2005.

[21] Aloisio Giovanni, Conte Dario, Elefante Cosimo, Epicoco Italo, Marra Gian Paolo,   Mastrantonio Giangiuseppe,Quarta Gianvito. SensorML for Grid Sensor Networks. 2005.

[22] GML - the Geography Markup Language. http://www.opengis.net/gml/.

[23] Ricker Jeffrey. Transducer Markup Language. Distributed Instruments. 2005.

[24] Transducer Markup Language (TML) Encoding Specification. OpenGIS. http://schemas.opengis.net/tml/.

[25] Ota Nathan , Kramer William T.C. University Berkeley. 2003.

[26] The Consultative Committee for Space Data System. http://public.ccsds.org/default.aspx.

[27] Reference Model for an Open Archival Information System (OAIS). 2002.

[28] Lavoie Brian F. The Open Archival Information System Reference Model: Introductory Guide. OCLC Online Computer Library Center, Inc. 2004.

[29] Yao Yong,Gehrke Johannes. The Cougar Approach On In-Network Query Processing In Sensor Networks. Cornell University. USA. 2004.

[30] MADDEN SAMUEL R. TinyDB: An Acquisitional Query Processing System for Sensor Networks. Massachusetts Institute of Technology. 2002.

[31] Report from the Earth Science Technology Office (ESTO) Advanced Information Systems Technology (AIST) Sensor Web Technology Meeting. NASA. 2007.

[32] CISN (The California Integrated Seismic Network). http://www.cisn.org/.

[33] Ecosystem monitoring. http://www.usgs.gov/science/science.php?term=317

[34] Solidearth. http://solidearth.jpl.nasa.gov/seswg.html.

[35] Armerican Institute of Aeronautics and Astronautics. http://www.aiaa.org/content.cfm?pageid=406&gTable=mtgpaper&gID=72 .

[36] Sensor Web Enablement: Overview And High Level Architecture. Open Geospatial Consortium Inc. 2006.

[37] Catalogue Service Implementation Specification. http://www.opengeospatial.org/standards/cat.

[38] Sensor Observation Service. Open Geospatial Consortium Inc. 2006.

[39] Sensor Planning Service. Open Geospatial Consortium Inc. 2005.

[40] Web Notification Service. Open GIS Consortium Inc. 2003.

[41] Chu Xingchen, Buyya Rajkumar. Service Oriented Sensor Web. The University of Melbourne, Australia. 2004.

[42] SANY Sensors Anywhere. http://sany-ip.eu/about_sany.

[43] Havlik D., Schimak G. , Denzer R., Stevenot B. Introduction to SANY (Sensors Anywhere) Integrated Project. 2003.

[44] Sixth Framework Programme Priority IST 2.5.12 Information Society Technologies. Report on Technology Review. 2007.

[45] SensorNET. http://www.sensornet.gov/.

[46] Oak Ridge National Laboratory. http://www.ornl.gov/ornlhome/education.shtml.

[47] NATIONAL OCEANIC AND ATMOSPHERIC ADMINISTRATION (NOAA). http://www.noaa.gov/

[48] NATIONAL INSTITUTE OF STANDARS AND TECNOLOGY. http://csrc.nist.gov/.

[49] Mallikarjun Shankar, Bryan L. Gorman, Cyrus M. Smith. SensorNet Operational Prototypes: Building Wide-Area Interoperable Sensor Networks, 2005.

[50] SensorNet: The New Science of Public Protection and Awareness, disponible en http://computing.ornl.gov/SC08/documents/pdfs/DeNap_SensorNet.pdf, visitada en enero de 2013

Printed by Books on Demand GmbH, Norderstedt / Germany